Doe zelf je SEO met WordPress

Boon Webdesign - Sandra Boon

Inhoudsopgave

"Een goede positie in Google kan je bezoekers-aantallen (minimaal) verdubbelen."

01. Algemeen

Dus.. je hebt nu een website die er aantrekkelijk uitziet, die conversiegericht is en die gebruiksvriendelijk is. Er rest nog één ding: bezoekers trekken naar die mooie, goede website.

De meeste mensen zijn er al van op de hoogte dat je met "tips en trucks" hoger in Google (en andere zoekmachines niet te vergeten) kan komen. Gemiddeld trekt Google evenveel bezoekers naar je website als andere bronnen. Een goede positie in Google kan dus je bezoekersaantallen (minimaal) verdubbelen!

Veel klanten en mensen in mijn netwerk vragen mij regelmatig hoe zij hun website kunnen optimaliseren voor Google. Om deze vragen goed en uitgebreid te kunnen beantwoorden heb ik dit boekje geschreven.

Het optimaliseren van je website wordt "Search Engine Optimization" genoemd, oftewel "SEO". **In het boek zal ik het voornamelijk "SEO" noemen.**

02. Oog op je bezoekers

Houd tijdens het optimaliseren van je website rekening met je bezoekers. SEO mag nooit ten koste gaan van hen! Ja, natuurlijk trek je dan meer bezoekers, maar als de bezoeker niet op jouw website vindt wat 'ie echt zoekt of als het een chaotisch zooitje is door de SEO, dan ben je de bezoeker uiteindelijk toch kwijt. *Het is de bedoeling dat de bezoekers die je binnenhaalt vinden wat ze zoeken, want dan krijg je conversie en wordt die bezoeker je klant.* Houd dat dus in je achterhoofd bij het optimaliseren van je website.

Relevant voor bezoekers

Gebruik ook alleen content voor SEO (en dan bedoel ik vooral de "descriptions" en "titles") waar je bezoeker wat aan heeft. Als je de focus legt op dienst A terwijl die dienst slechts een nevenactiviteit is, hebben je bezoekers er misschien niks aan en ben je die bezoekers alsnog kwijt.

Misleiding

Gebruik ook geen SEO content om je bezoekers te misleiden. Als je bijvoorbeeld een gewichtsconsulent bent en je probeert gevonden te worden op "Sonja Bakker", dan heb je daar uiteindelijk niks aan. Die bezoeker is namelijk op zoek naar Sonja Bakker en niet naar jou, ook al kunnen ze bij jou misschien wel hetzelfde als bij Sonja Bakker. Misleiding maakt bezoekers boos en dan vertrekken ze.
Geen ideale situatie – dus niet doen.

Hoe moet het dan wel?

In de komende hoofdstukken vind je informatie en voorbeelden van hoe het wel (en niet) moet. Deze hoofdstukken zijn gericht op WordPress gebruikers, zodat die in hun Dashboard het basisprincipe van SEO kunnen toepassen.

*"SEO mag nooit ten koste
gaan van de bezoekers!"*

03. Je WordPress website configureren

Als eerste moet de WordPress website goed geconfigureerd zijn. De WordPress websites van de klanten van Boon Webdesign configureer ik altijd zelf. Ben je een klant van Boon Webdesign? Dan kan je dit stukje overslaan. Mocht je zeker willen weten dat je website goed geconfigureerd is, dan kan je onderstaande stappen volgen.

Zorg ervoor dat je website zoekmachines zoals Google niet blokkeert.

1a. Nederlandstalige WordPress
Ga naar Instellingen > Privacy in je Dashboard.
1b. Engelstalige WordPress
Ga naar Settings > Privacy in je Dashboard.

Kies bij de Privacy opties voor de optie "Sta zoekmachines toe om je site te indexeren/Allow search engines to index this site" en klik daarna op de blauwe knop genaamd "Save changes/Wijzigingen opslaan". (Fig 3.1)

Nu weet je zeker dat de website geen zoekmachines blokkeert.

Privacy Settings

Site Visibility   ◉ Allow search engines to index this site.

                         ○ Ask search engines not to index this site.

                         Note: Neither of these options blocks access to your site

Save Changes

FIG 3.1. STA ZOEKMACHINES TOE OM JOUW WEBSITE TE INDEXEREN.

Configureer de permalinks.

WordPress gebruikt standaard web-URLs (permalinks) die
vraagtekens en veel getallen bevatten. Zo'n standaard link
van een pagina ziet er zo uit:

http://www.boonwebdesign.nl/diensten/?p=123

Link van de pagina "Webdesign op maat".

In plaats van een trefwoord wordt er een nummer en een
vraagteken gebruikt. Voor de SEO is het erg belangrijk dat
een permalink trefwoorden gebruikt die **van toepassing** zijn
op je content.

De link zou veel beter geoptimaliseerd zijn als het er zo uit zag:

http://www.boonwebdesign.nl/diensten/webdesign-op-maat
Link van de pagina "Webdesign op maat".

In plaats van een nummer bevat de link nu trefwoorden. Je kunt echter een eigen permalink-structuur aanmaken voor je links. Dit kan de weergave, bruikbaarheid en compatibiliteit van je links verbeteren.

① *1a. Nederlandstalige WordPress*
Ga naar Instellingen > Permalinks in je Dashboard.
1b. Engelstalige WordPress
Ga naar Settings > Permalinks in je Dashboard.

② Kies voor de optie "Berichtnaam/Post name" en klik op de blauwe knop genaamd "Wijzigingen opslaan/Save changes".
(Fig 3.2)

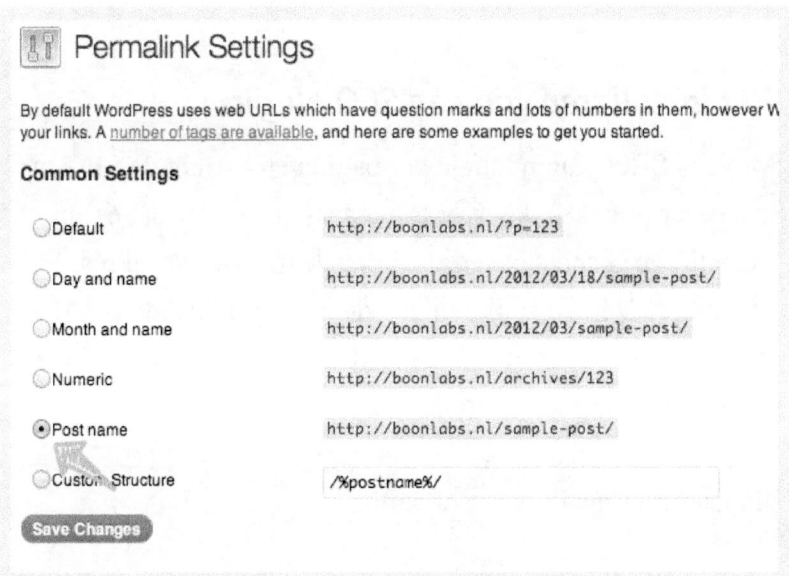

FIG 3.2. PAS DE PERMALINKS VAN JE WEBSITE AAN.

Alle links worden nu automatisch aangepast, ook die van de pagina's en berichten die je eerder al hebt aangemaakt.

Niet alleen voor de SEO is de permalink belangrijk; ook voor de bezoeker. Als een bezoeker bijvoorbeeld een link doorstuurt via social media en men kan niet zien waar de pagina/content over gaat, worden mensen niet getriggerd om op de link te klikken. Men klikt sowieso niet graag op links waarvan men niet (zeker) weet waar die link naartoe gaat. Kortom, zorg dat je permalinks goed zijn ingesteld!

Het installeren van een SEO plugin

Met een SEO plugin kun je per pagina en bericht de SEO titles, descriptions en keywords aanpassen, zonder dat er enige
(technische) kennis is vereist. Voor de meeste WordPress
gebruikers is het installeren van deze plugin dus ideaal. Meer
informatie over het invullen van deze titles, description, etc.
vind je in de komende hoofdstukken.

① Ga naar Plugins in je Dashboard.

② Klik op "Add new/Nieuwe plugin". (Fig 3.3)

Fig 3.3. Voeg een nieuwe pluign toe

③ Vul in het zoekbalkje één van de volgende pluginnamen in:
- All in One SEO Pack (by Michael Torbert).
- WordPress SEO (by Joost de Valk).
Beide plugins werken prima. Er zijn nog veel meer SEO plu-
gins, maar deze twee vind ik zelf het beste.

❹ Zodra je één van deze plugins hebt gevonden klik je op "Install now/Nu installeren" (Fig 3.4). De plugin wordt dan automatisch geïnstalleerd.

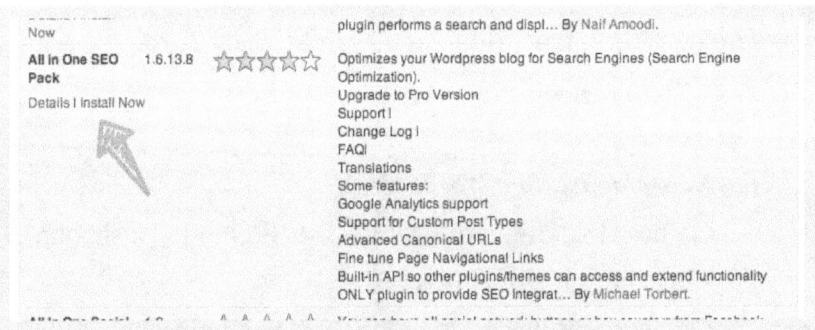

FIG 3.4. KLIK OP "INSTALL NOW/NU INSTALLEREN".

❺ **Let op:** De plugin is dan wel geïnstalleerd, maar nog niet geactiveerd! Klik op "Activate plugin/Plugin activeren" om de plugin te activeren (Fig 3.5).

FIG 3.5. ACTIVEER DE PLUGIN

Als je gebruik maakt van de plugin "All in One SEO Pack" van Michael Torbert moet je de plugin nog configuren. Voor de plugin "WordPress SEO" van Joost de Valk hoef je niets te configureren.

Om de "All in One SEO Pack" van Michael Torbert te configureren ga je naar:

6a. Nederlandstalige WordPress
Ga naar Instellingen > All in One SEO in je Dashboard.
6b. Engelstalige WordPress
Ga naar Settings > All in One SEO in je Dashboard.

Scroll naar beneden, tot net onder de advertenties. Daar zie je de optie "Plugin Status" staan (Fig 3.6). Klik hier op "Enabled".

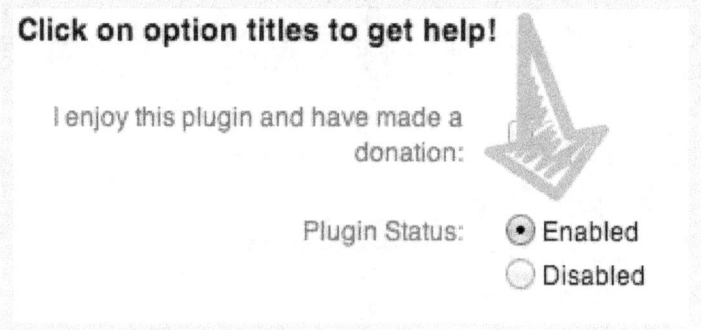

FIG 3.6. ACTIVEER DE ALL-IN-ONE-SEO PLUGIN.

Deze twee plugins zorgen ervoor dat je nu op elke pagina en bericht SEO gegevens kan invullen:

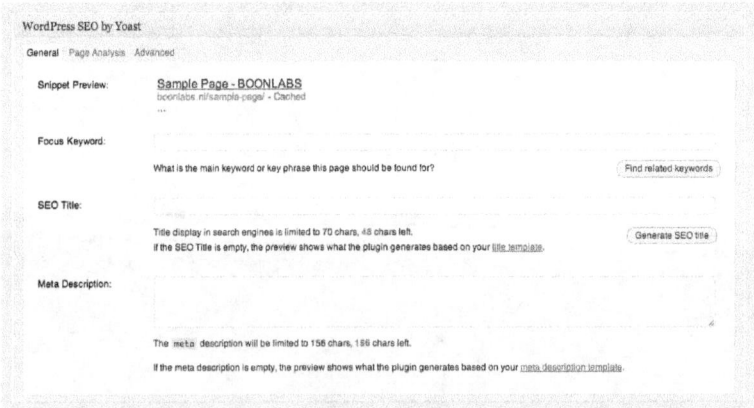

FIG 3.7. SEO PLUGIN VAN YOAST

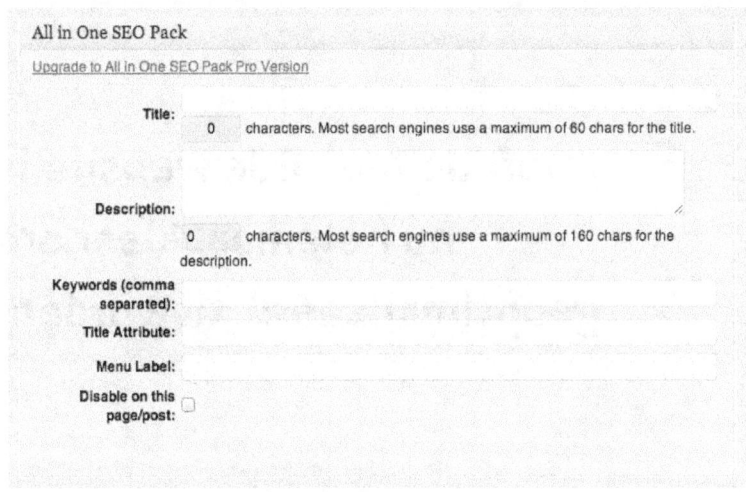

FIG 3.8. ALL-IN-ONE-SEO PACK

Gefeliciteerd! Je website is nu helemaal klaar om geoptimaliseerd te worden.

04. Strategie bedenken

Voordat je verder gaat met het toepassen van SEO principes
is het verstandig om eerst een "strategie" te bepalen.
Een pagina scoort het best in zoekmachines als alle content
op elkaar aansluit; trefwoorden die voor komen in onder
andere je titels, teksten, kopteksten, links, afbeeldingen,
desciptions en keywords. Stel een lijst samen van een aantal
trefwoorden die bij jouw diensten/producten passen en waar
je op gevonden wilt worden. **Houd rekening met:**

De trefwoorden waar men op zoekt.

Voorbeeld: Boon Webdesign biedt WordPress websites aan.
Het is dus logisch dat ik de trefwoorden "WordPress" en
"website" gebruik. Maar als men niet zoekt op "WordPress
website", maar alleen op bijvoorbeeld "Website zelf behe-
ren", omdat ze misschien de term "WordPress" niet kennen,
trek ik meer bezoekers als ik de woorden "Website zelf be-
heren" gebruik. Verplaats je in de bezoekers bij het bedenken
van de trefwoorden.

Synoniemen.

Voor sommige producten bestaan er synoniemen en/of meerdere termen. Ook hier kan je rekening mee houden. Voorbeeld: een gewichtsconsulent zou zowel kunnen kiezen voor de trefwoorden "afvallen" en "gewicht verliezen".

De concurrentie.

Voorbeeld: Er zijn honderden mensen en bedrijven die WordPress aanbieden. Al deze mensen gebruiken SEO om hoger in zoekmachines te komen. Als iedereen SEO gebruikt, word het dus veel lastiger om hoger te komen. Kies dan voor andere trefwoorden waar misschien minder vaak op gezocht word, maar waarmee je wel hoger in de zoekmachine komt. Zo trek je alsnog meer bezoekers.

Spelfouten.

Spelfouten staan niet netjes in je teksten en titels, maar je zou ze wel kunnen gebruiken bij SEO gegevens die niet op de website worden weergeven, zoals de keywords. Men spelt namelijk vaak woorden verkeerd. Voordeel: waarschijnlijk houden geen van je concurrenten hier rekening mee. Voorbeeld: Zo had ik een tijdje lang het woord "usebility" gebruikt in plaats van "usability". Die fout maken heel veel mensen en daarom werd ik ontzettend goed gevonden op dat trefwoord.

Enkelvoud en meervoud.

Sommige mensen gebruiken een woord in het enkelvoud als ze zoeken en andere mensen gebruiken juist het meervoud. Voorbeeld: het trefwoord "website" heeft hele andere zoekresultaten dan het meervoud "websites". Zoek uit op welk trefwoord er het meest gezocht word.

Google Keywords Tool

Om erachter te komen waar mensen op zoeken en hoe moordend je concurrentie is kan je onder andere gebruik maken van "Google Keywords Tool" in AdWords. Let op: hier heb je wel een Google (AdWords) account voor nodig. Ik raad je aan om zo'n account aan te maken, want daarmee kan je ook alle bezoekers "tracken" via Google Analytics. Meer informatie over het "tracken" van bezoekers vind je in de komende hoofdstukken.

Je lijstje met trefwoorden

Schrijf zoveel mogelijk trefwoorden op. Ga desnoods brainstormen met een vriend(in) of een collega. Als je denk dat je alle mogelijke trefwoorden hebt opgeschreven, ga je er een aantal wegstrepen. Kies onder andere de trefwoorden die je niet makkelijk in teksten kan verwerken. Gebruik daarna de Google Keywords Tool om erachter te komen welke van deze woorden je het beste kunt gebruiken. Kies uiteindelijk 10 a 15 woorden die het beste zijn. Dan is je strategie bepaald.

05. Pagina's optimaliseren

Op de pagina's zelf kan je veel SEO principes toepassen. Zo kan je onder andere de teksten optimaliseren, SEO gegevens toevoegen, en titels en headers (kopteksten) optimaliseren. In dit hoofdstuk zal ik alles nader uitleggen.

De pagina titel & permalink

Pagina titel

De pagina titel is belangrijk voor zowel de SEO als voor de gebruiksvriendelijkheid voor de bezoeker. Zoals ik in het vorige hoofdstuk al heb beschreven is het belangrijk dat je zoveel mogelijk dezelfde trefwoorden verwerkt in je content, dus ook in je titel. Gaat de tekst over WordPress websites? Vul dan de woorden "WordPress" en "website(s)" toe in je titel. Let op: Het moet voor de bezoeker wel duidelijk zijn waar de pagina over gaat! Kies voor een titel die goed is voor je SEO en die de bezoeker duidelijkheid geeft en triggert om de tekst te gaan lezen. (FIG 5.1)

Permalink

WordPress maakt automatisch een permalink aan met de titel die je gekozen hebt. Hier hoef je zelf niks aan te veranderen. Mocht je pagina een hele lange titel hebben, dan zou je er voor kunnen kiezen om de permalink aan te passen, zodat de URL minder lang is. Om de permalink van een specifieke pagina aan te passen klik je op het knopje "Edit/Bewerken". (FIG 5.1)

FIG 5.1. TITLE EN PERMALINK AANPASSEN

De content

Bij het schrijven van de content moet je ook goed in je achterhoofd houden dat je trefwoorden gebruikt voor de SEO.
Let er wel op dat de tekst duidelijk moet zijn voor de bezoeker. SEO mag natuurlijk nooit ten koste gaan van je bezoekers!

Gebruik ook kopteksten (headers) met trefwoorden in je content, dat is belangrijk voor de SEO en voor je bezoeker. Bezoekers moeten in de content zo snel mogelijk kunnen vinden
wat ze zoeken en kopteksten helpen daarbij. Om een koptekst
te selecteren klik je op "Paragraph/Paragraaf" en selecteer je
één van de "Headings". (Fig 5.2 en 5.3)

Fig 5.2. koptekst/heading selecteren

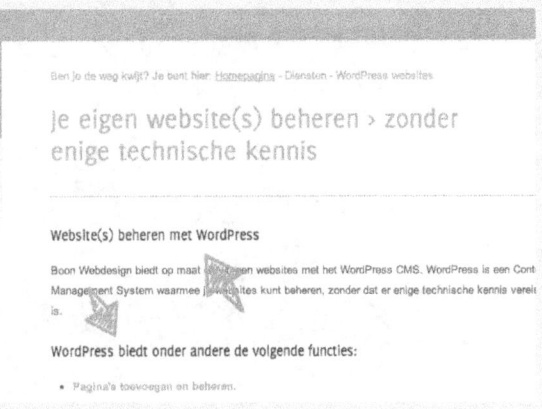

Fig 5.3. koptekst op boonwebdesign.nl

De SEO-plugin

Op elke pagina vind je onderaan de SEO plugin die je hebt geïnstalleerd. Hier kan je o.a. de title, description en keywords invullen. (Fig 5.4)

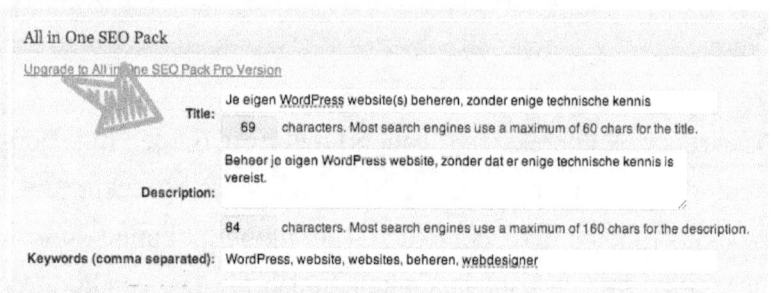

Fig 5.4. DE SEO PLUGIN

Title: De titel van je pagina die helemaal bovenin je browser wordt weergeven. Op de website zelf wordt deze niet weergeven. (Fig 5.5)

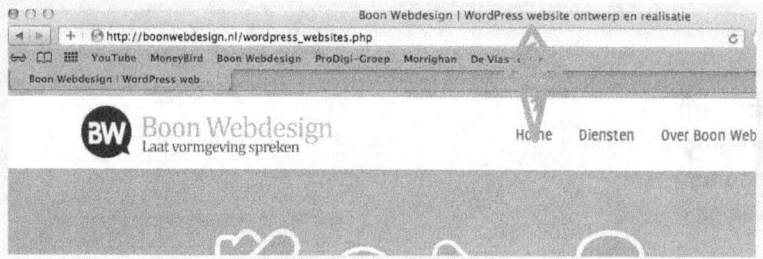

Fig 5.5. DE SEO TITLE IN JE BROWSER

Description: Een korte samenvatting van wat een bezoeker op je pagina kan verwachten. Deze wordt niet op de website zelf weergegeven, maar wordt wel bijvoorbeeld in Google weergeven. (Fig 5.6)

www.mediasolutions.nl/webdesign
Mooi ontwerp, snelle service

Boon Webdesign | WordPre... ...bsites, webdesign, grafisc...
www.boonwebdesign.nl/ +1
Facebookpagina, wordpress websites, webdesign, grafische vomgeving ontwerp en realisatie door **Boon Webdesign**.

Huisstijl WeightIQ   Huisstijl ANMedicalstaff
Huisstijl ontwerp van logo,   Huisstijl ontwerp van logo,

Fig 5.4. DE DESCRIPTION VAN BOONWEBDESIGN OP GOOGLE

Keywords: Hier kan je enkele keywords (trefwoorden) toevoegen die je eerder al hebt geselecteerd en die relevant zijn voor je pagina. Ook deze worden niet op de website weergeven, maar worden wel door zoekmachines gebruikt.

Bij de title, description en keywords is het verstandig om de trefwoorden te gebruiken die je ook hebt gebruikt bij de titel van de pagina en in de content. Hoe vaker hetzelfde trefwoord voor komt, des te meer kans die maakt om hoog in de zoekmachines te komen. Let op: voeg niet te veel keywords etc. toe en alleen maar trefwoorden die ook echt relevant zijn! De meeste zoekmachines gebruiken niet meer dan 60 tekens voor de title en 160 tekens voor de description. Wees zuinig met je tekens, want zoekmachines zoals Google houden er niet van dat je er misbruik van maakt om hoger te komen in de zoekmachines. Meer informatie hierover vind je in het hoofdstuk "Penalty's".

06. Berichten optimaliseren

Sommige WordPress websites maken gebruik van het berichtensysteem (voor bijvoorbeeld nieuws of een blog). Ook hier kan je de basisregels van het vorige hoofdstuk toepassen. Daarnaast heb je nog twee andere functies waarmee je de berichten kan optimaliseren voor SEO.

Categories/categorieën.

Als jouw berichtensysteem gebruik maakt van categorieën kan je deze ook optimaliseren voor SEO. Bij elk bericht vind je aan de rechterkant een blokje met categorieën. (Fig 6.1) Zorg ervoor dat je (relevante) trefwoorden gebruikt als categorienaam. Dit kan de SEO bevorderen.

Fig 6.1. CATEGORIEËN IN BERICHTEN

Tags in berichten

Als jouw WordPress website met tags werkt, kun je ook deze gebruiken om het bericht te optimaliseren voor SEO. Aan de rechterkant van de berichtpagina vind je een blokje genaamd "Tags". (Fig 6.2) Hier kan je dezelfde soort trefwoorden invullen die je ook in de SEO plugin bij "Keywords" invult.

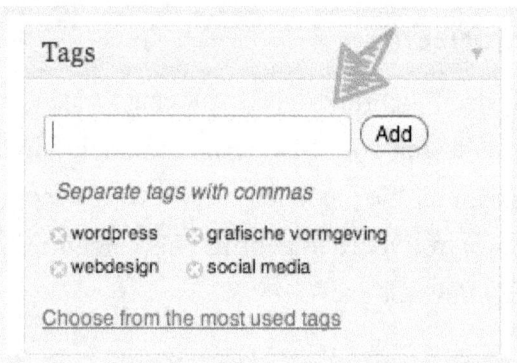

Fig 6.2. tags in berichten

07. Afbeeldingen en links

Ook deze kun je optimaliseren voor de SEO. Afbeeldingen en links werken namelijk ook met de title attributen, zoals in de SEO plugin.

Afbeeldingen en media

Voeg een nieuwe afbeelding toe of klik op een huidige af-beelding om deze te bewerken. Je krijgt nu een klein venster-tje te zien waar je het e.e.a. kunt invullen. (Fɪɢ 7.1)

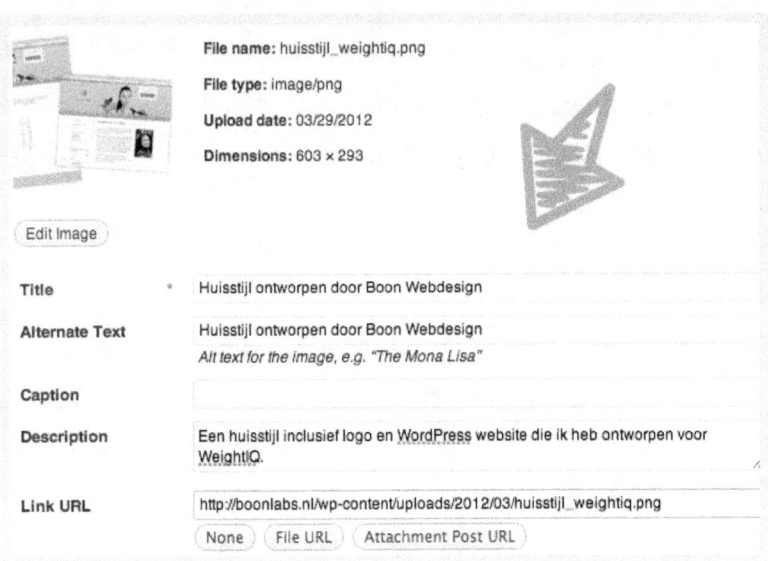

FIG 7.1. INVULVELDEN BIJ MEDIA

② Voeg de title, alternate text en description in. Kies hier trefwoorden die relevant zijn voor de afbeelding en voor de content. Ook hier geldt weer hetzelfde; zoveel mogelijk dezelfde
trefwoorden gebruiken. De alternate text attribuut wordt
gebruikt als de afbeelding niet wordt geladen (dan komt de
tekst er te staan ipv de afbeelding).

**Heb je een behoorlijk aantal afbeeldingen op je website
staan die geoptimaliseerd moeten worden en heb je geen
zin om die afbeeldingen per pagina op te zoeken?** Ga dan
naar je media bibliotheek. Daar vind je een overzicht van alle
afbeeldingen.

1a. Nederlandstalige WordPress
  Ga naar Media > Bibliotheek in je Dashboard.
1b. Engelstalige WordPress
  Ga naar Media > Library in je Dashboard.

Je ziet nu een overzicht van al je afbeeldingen. Klik op de
afbeelding die je wilt bewerken.

Links in teksten

Ook de links die je in teksten verwerkt kunnen geoptimaliseerd worden. Selecteer de link en klik op het knopje "Link bewerken". (Fig 7.2)

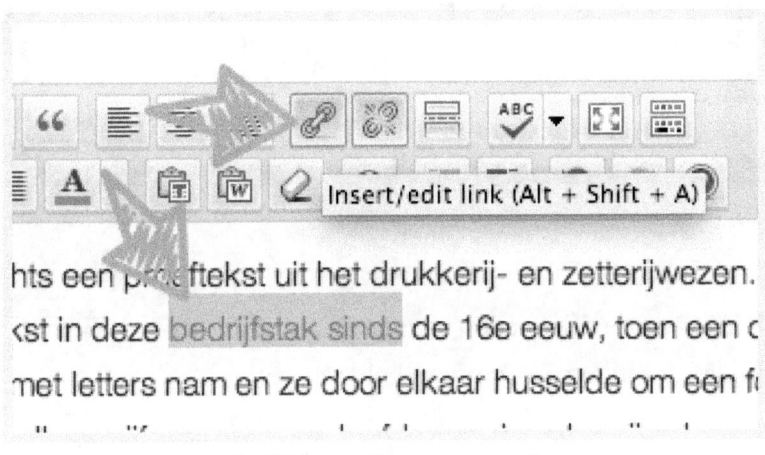

FIG 7.2. KNOPJE "LINKS BEWERKEN"

Je krijgt nu een klein venstertje te zien waarin je de URL en de title kan aanpassen. (Fig 7.3)

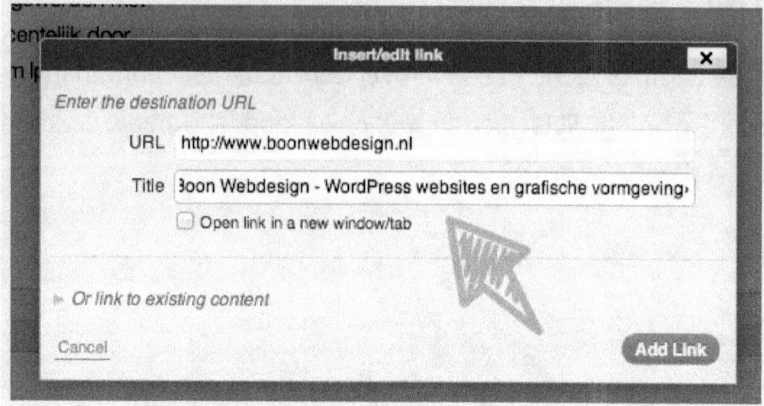

Kies voor de title wederom relevante trefwoorden die je ook in de content en SEO plugin hebt verwerkt.

08. Extern - Linkbuilding

Als je de basisregels van de vorige hoofdstukken hebt toegepast is je website (intern) vrijwel goed geoptimaliseerd. Ook
extern kan je ervoor zorgen dat je hoger scoort in zoekmachines. Zo kan je bijvoorbeeld "linkbuilden". Dat houd in dat
andere websites naar jouw website linken.

Zoekmachines kijken of er veel naar jouw website word
gelinkt (want als andere websites je noemen, moet er op jouw
website haast wel iets staan dat interessant is). Ook kijken ze
ernaar of de content gerelateerd is.

Kies dus bij voorkeur voor websites die relevant zijn aan
jouw website. Voorbeeld: Als je een gewichtsconsulente bent
is het nuttiger als een voedselgerelateerde website naar je
linkt dan een website die over auto's gaat. Is jouw bedrijf/
dienst plaatsgebonden? Zorg dan dat je op plaatselijke websites staat. Voorbeeld: Als je een gewichtsconsulente bent in
Emmen is het nuttiger dat websites uit Emmen naar je linken
dan websites uit Amsterdam. Vooral als je juist gevonden wilt
worden door mensen uit Emmen.

Dit is ook één van de redenen waarom mensen en bedrijven blogs schrijven; blogs kunnen makkelijk en snel via Social Media etc. verspreid worden en als mensen één van je blogartikelen interessant vinden, verspreiden ze die zelf weer via andere websites en Social Media platformen.

09. Penalty's

SEO trucjes worden door ontzettend veel website toegepast en door een behoorlijk aantal websites zelfs misbruikt. Zoekmachines zoals Google geven penalty's (je wordt dan uit de lijst gehaald of je komt een stuk lager te staan) als ze erachter komen dat je er misbruik van maakt. Hieronder vind je een (onofficiële) lijst waarvan men vermoedt dat je er penalty's voor kan krijgen:

Dubbele content

Dubbele content is bijvoorbeeld dezelfde teksten op meerdere websites of meerdere pagina's binnen een website te plaatsen. De tekst is dan niet uniek en volgens de zoekmachines niet waardevol voor bezoekers.

Gekopieerde content

Als je content overneemt van een website, zonder dat je daar de copyright van hebt, kan die ander je "aangeven" bij zoekmachines. Je word dan linea recta verwijderd.

Uitgaande links naar "slechte " websites

Dat houd in dat je niet moet linken naar websites die bijvoorbeeld virussen of heel veel reclame bevatten.

Teveel keywords gebruiken

Als je teveel keywords toevoegt kunnen zoekmachines dat opvatten als een truc om goed te scoren. Gebruik dus een minimaal aantal keywords die ook echt gerelateerd zijn aan de rest van de content.

Teveel dezelfde keywords gebruiken

Als je keywords te vaak voorkomen kunnen zoekmachines dat ook zien als een truc. Varieer in je keywords, gebruik ze wel regelmatig, maar niet teveel.

Verstopte teksten

In het verleden gingen veel mensen teksten in hun website toevoegen die "verstopt" waren. Ze plaatsten bijvoorbeeld witte tekst op een witte achtergrond. De bezoeker kan het dan niet zien, maar de zoekmachine wel. Hier trappen ze tegenwoordig niet meer in en dan krijg je zonder genade een penalty.

Betalen voor linkbuilding

Ook kwam het vaak voor dat je (tegen betaling) je link kon laten plaatsen op een website die volstond met links (puur gericht op linkbuilding). Ook hier trappen zoekmachines niet meer in.

Kortom, wees zuinig met je SEO optimalisatie en probeer de zoekmachines niet te manipuleren. Als je eenmaal uit de zoekmachines verwijderd bent is het ontzettend moeilijk om er weer terug in te komen. Er zijn nog veel meer "vermoedens" wat betreft de penalty's, maar deze zijn het belangrijkst voor jullie.

10. Track je bezoekers

Om het beste uit je SEO te halen is het belangrijk dat je
bijhoudt hoe bezoekers op je website komen, wat ze doen/
bekijken en wanneer ze weer weggaan. Zo kan je de SEO (en
overige dingen op je website) continue blijven verbeteren.

Een handige tool hiervoor is Google Analytics. Daarmee kan
je bijna alles bijhouden wat je bezoekers doen. Ook kan je
zien wanneer mensen de website verlaten. Als er bijvoorbeeld
een groot aantal bezoekers is die op dezelfde pagina "uitstap-
pen", dan is er misschien iets mis op die pagina. Misschien
is de pagina onduidelijk of staat er een boodschap op die niet
bij iedereen even goed valt. (FIG 10.1 EN 10.2)

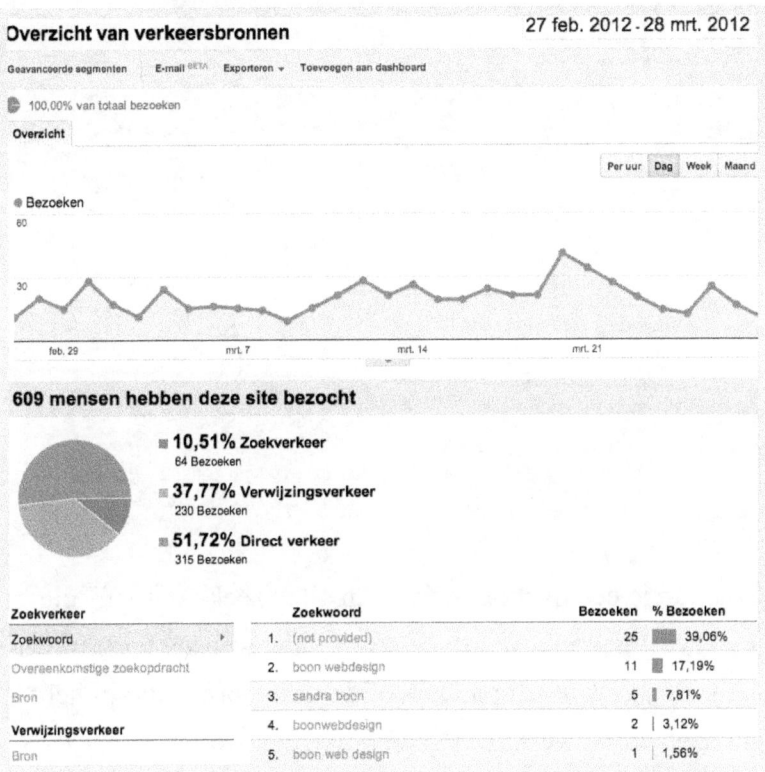

Overzicht van verkeersbronnen

27 feb. 2012 - 28 mrt. 2012

Geavanceerde segmenten   E-mail ^{BETA}   Exporteren ▾   Toevoegen aan dashboard

100,00% van totaal bezoeken

Overzicht

Per uur | Dag | Week | Maand

● Bezoeken

609 mensen hebben deze site bezocht

■ **10,51%** Zoekverkeer
64 Bezoeken

■ **37,77%** Verwijzingsverkeer
230 Bezoeken

■ **51,72%** Direct verkeer
315 Bezoeken

Zoekverkeer		Zoekwoord	Bezoeken	% Bezoeken
Zoekwoord ▸		1. (not provided)	25	39,06%
Overeenkomstige zoekopdracht		2. boon webdesign	11	17,19%
Bron		3. sandra boon	5	7,81%
Verwijzingsverkeer		4. boonwebdesign	2	3,12%
Bron		5. boon web design	1	1,56%

Fig 10.1. TRACK JE BEZOEKERS - WAT ZE DOEN, WAAR ZE VANDAAN KOMEN

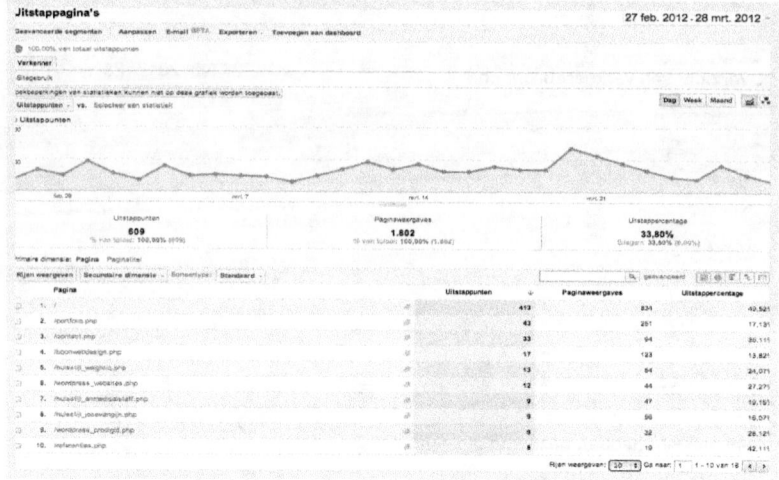

FIG 10.2. UITSTAPPAGINA'S - WANNEER GAAN JE BEZOEKERS WEG?

Ook kan je een overzicht zien van alle "zoekwoorden" die men heeft gebruikt waarmee ze op jouw website terechtkwamen. Hieruit kan je opmaken of de trefwoorden die jij hebt gekozen en verwerkt wel goed gevonden worden. (FIG 10.3)

	Zoekwoord
1.	(not provided)
2.	boon webdesign
3.	sandra boon
4.	boonwebdesign
5.	boon web design
6.	boon webdeisgn
7.	boon website
8.	http://www.boonwebdesign.nl/
9.	instituut feliz
10.	koffi boon

FIG 10.3. OVERZICHT VAN GEBRUIKTE ZOEKWOORDEN

11. AddThis Social Bookmarking Widget

In het hoofdstuk "linkbuilding" heb ik uitgelegd dat de SEO ook bevorderd wordt als mensen jouw pagina's/berichten delen op bijv. Social Media. De "AddThis Social Bookmarking Widget" is een plugin waarmee je op elke pagina/bericht Social icons/buttons kan weergeven. Bezoekers kunnen dan met één klik jouw link delen op bijvoorbeeld Facebook en Twitter.

Ga naar Plugins in je Dashboard.

Klik op "Add new/Nieuwe plugin". (Fig 11.1)

Fig 11.1. INSTALLEER NIEUWE PLUGIN

Vul in het zoekbalkje de volgende naam in: *AddThis Social Bookmarking Widget.*

④ Zodra je de plugin hebt gevonden klik je op "Install now/Nu installeren". (Fig 11.2) De plugin word dan automatisch geïnstalleerd.

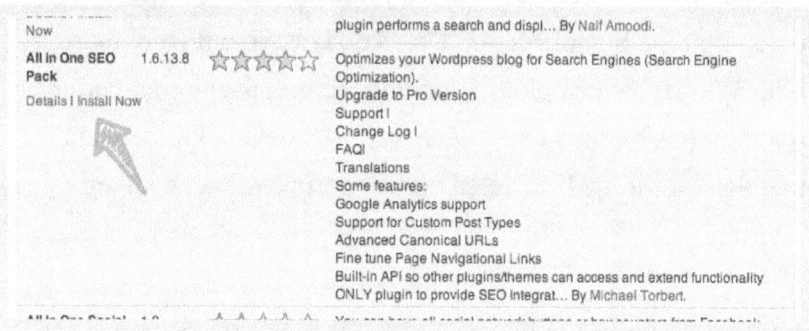

FIG 11.2. KLIK OP "INSTALL NOW/NU INSTALLEREN".

⑤ **Let op:** De plugin is dan wel geïnstalleerd, maar nog niet geactiveerd! Klik op "Activate plugin/Plugin activeren" om de plugin te activeren. (Fig 11.3)

FIG 11.3. ACTIVEER DE PLUGIN

Vervolgens kan je de instellingen van de plugin configureren;

1a. Nederlandstalige WordPress
   Ga naar Instellingen > AddThis in je Dashboard.
1b. Engelstalige WordPress
   Ga naar Setting > AddThis in je Dashboard.

Je komt nu uit op de tab "Basic". Daar kan je kiezen welke
buttons (er zijn verschillende vormen en formaten) je wilt
weergeven aan de onderkant en/of bovenkant. Klik op "More
options" om meer opties te bekijken.

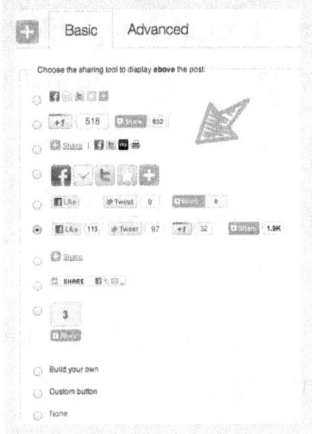

Klik bovenaan op het tabje "Advanced" voor meer opties.
Hier kan je onder andere instellen of de icons ook op de
homepagina weergegeven moeten worden.

12. Extra: Pagina opmaak

Het opmaken van een webpagina is anders dan het opmaken van bijvoorbeeld een Word-document. Hieronder vind je enkele tips/richtlijnen waarmee je de opmaak van je pagina's kunt verbeteren.

Je website is geen kermis, dus houdt het simpel en overzichtelijk.

Veel mensen hebben de neiging om veel verschillende kleurtjes en uitlijningen te gebruiken. Houd alles simpel en overzichtelijk. Je bezoeker wilt waarschijnlijk zo snel mogelijk de informatie vinden waar 'ie naar zoekt. Maakt het 'm niet moeilijk.

Gebruik kopteksten om aan te geven waar de verschillende alinea's over gaan.

Net zoals hierboven; de bezoeker wil zo snel mogelijk vinden waar 'ie naar zoekt. Maakt het hem makkelijk.

Gebruik alleen dikgedrukte teksten...

...voor trefwoorden die de bezoeker helpen bij het zoeken naar de juiste informatie.

Gebruik alleen schuingedrukte (cursieve) teksten voor...

...trefwoorden die de bezoeker niet per se helpen bij de zoektocht, maar waar je wel de nadruk op wilt leggen.

Gebruik geen onderstreepte teksten.

Onderstreepte teksten worden op webpagina's alleen gebruikt voor links. Als je tekst geen link is, gebruik dan geen onderstreping. Dit kan namelijk het idee wekken dat je er op kan klikken.

Gebruik afbeeldingen om...

...de boodschap te verduidelijken en om het geheel visueel aantrekkelijk te maken. Kies alleen voor relevante afbeeldingen die jouw boodschap versterken.

Wees consistent met je opmaak.

Gebruik op elke pagina dezelfde stijl kopteksten, etc. Dit houd het netjes en overzichtelijk.

www.ingramcontent.com/pod-product-compliance
Lightning Source LLC
Chambersburg PA
CBHW071544170526
45166CB00004B/1541